AF398974

Versos en Metaverso

FSC
www.fsc.org
MIXTO
Papel procedente de
fuentes responsables
Paper from
responsible sources
FSC® C105338

Versos

en el Metaverso

Enma Kent

Impresión y editorial: BoD – Books on Demand

info@bod.com.es - www.bod.com.es

Impreso en Alemania – Printed in Germany

ISBN 9788411744539

Diseño portada Enma Kent

A mis dos hijas, que me enseñaron a querer

"El metaverso en sí puede entenderse como un espacio de interacción compartido creado en la convergencia de lo físico o real con lo digital. Un espacio en el que las personas puedan jugar, socializar, e incluso trabajar y generar una economía. En este espacio la realidad es mejorada por capas digitales, y en el mundo virtual tiene persistencia como en el real. De alguna forma hablamos de algo que podría convertirse en la siguiente evolución de internet, o de su extensión, conectando más aún el mundo real con espacios virtuales 3D compartidos, persistentes y vinculados al mundo real".

I am VR

https://i-amvr.com/

"La poesía no tiene tiempo, el que la lee la rescata,

la hace presente y luego la regresa a su eternidad"

Doménico Cieri

Índice

Introducción

Siempre me he preguntado si en el futuro que se nos avecina existirá la poesía tal y como la conocemos. Quiero pensar que sí, que por mucho que cambie el formato, la reciten unos avatares, o la escenifiquen nuestros clones, seguirán existiendo los versos.

Este libro precisamente está hecho de poemas que escribí para participar en internet, en las redes sociales, en algunos de los retos, juegos y concursos que circulan por ahí (ver nota final). Personalmente creo que hacen una gran labor, pues ayudan a que este género literario siga hoy muy vivo y avance conforme a los tiempos.

No quería que se me perdieran ni que se quedaran solamente en el mundo virtual y los he recopilado en este pequeño poemario. El último del índice se titula precisamente "Versos en el Metaverso" y da nombre a este libro.

Sequía

La tarde se apaga

entre efímeras nubes

pequeñas y blancas.

Algodones

de hambre,

y sed

de frescas aguas...

Se detiene el mirlo,

en vago instante

fatigado,

ahíto de su baile

a contratiempo,

y en busca de la sombra

del cornejo.

El campo seco arde,

la tierra agoniza

yerma,

mientras tú me miras,

vacío,

y gotas de cristal

atraviesan mi alma.

El golpe

Tisú rojo de unos labios,

que ayer

borraron la sonrisa.

Fuertes y tersos,

aún sin serlo,

ante la melancolía

del frío.

Caminó sin prisas

al averno,

regresando incauta

en su noche de boda.

Cobarde y vestida

Iba,

como en cuento

de hada.

Borró el golpe

su carmín,

contenido el llanto

en un beso de hielo.

Volvió a temblar

la madrugada.

Volvió a ser nada.

El sueño de Platero

Por horizonte un campo

de verde hierba y amapolas.

Por compañía un viejo carro

abandonado

al sol ajado, y seco

de esperanzas.

Por amigo aquel burro

blanco,

a lo "Platero",

compañero de noches,

e insomnios estrellados.

Sueño perfecto

en la fría noche

de mi invierno.

Al libro

Me pierdo en ti,

libro.

En tu mar de letras

me abandono,

y me arrullas,

con tus brazos de papel

amarillo.

Cálido aliento sin dueño,

que de mano en mano

te expones

diverso,

abstracto,

prostituyendo tus hojas

ante mil horas

de historias,

al viento contadas.

Me sumerjo impaciente

en tus entrañas.

Te acaricio suavemente,

me impregna tu olor

y me calmas.

Hay magia en tu momento,

intimidad oscura,

cómplice amante

de noches solitarias.

Tanto por contarme...

El beso

*El sol va durmiendo
en la tarde vacía.*

*Se esconde
detrás del horizonte
en esa hora mágica y turbia,
sin luz de luna.*

*Anochece y me llamas,
con voz suave.*

*Bajo lluvia de estrellas
te beso,
en labios de miel
rendidos.*

Poesía

Poesía

son tus ojos

tiernos,

cuando miran a la tarde

en calma.

Poesía amable

es tu mano en la mía,

escuchando

el viento

en noches de tormenta.

Poesía somos,

al caminar juntos

en días adversos

sin saber

a dónde ir.

Poesía es la muerte,

al fin,

al encontrarnos

desnudos,

bajo luna de siembra,

desgarrando dos almas

en un último sueño

de amor infinito...

La tormenta

Te espero esta noche,

en la esquina oculta

de la calle del sueño.

Seré tormenta en tu rizo,

enredada en mil hilos

de miel cobrizos.

Seré huracán de poemas

y cuentos,

en labios abiertos,

a tu oído pegados.

Seré viento cálido

acunando tu cuerpo,

al compás del baile

alegre del sexo.

Y al fin seré lluvia,

entre húmedas

sábanas blancas,

y calma infinita

de claro de luna...

El tiempo

El tiempo pasa demente,

veloz e impaciente,

…y siempre a contracorriente.

No descanses,

¡vive y siente!

Apura el día,

disfruta las noches,

¡sé consciente!

El tiempo huye esquivo,

cobarde,

…impertinente.

Y en el final de la vida,

ante la muerte,

en vano

le buscarás,

probablemente.

Viento del Norte

Silva, viento frío

del norte...

que, en tu papel,

borras

la magia ocre del otoño.

Desgarras mi desorden,

apareciendo

intrépido

en ráfagas de hielo,

mientras ardo

de deseo,

en el pozo de mi fuego.

Te llevas mi sonrisa,

y mi septiembre

enamorado,

te llevas gratos días

de cielos brillantes,

y atardeceres dorados.

Silva, viento frío

del norte,

que congelas mis sueños,

preludiando

el lento invierno

inanimado.

El hombre solitario

El hombre solitario

camina

sobre las hojas secas

de la vieja alameda.

Hace tiempo que ha perdido

el brillo de sus ojos,

justo allí,

donde florecen las flores.

Recordando primaveras,

desnuda su pasado,

...y pasea.

Mantiene firme

la mirada perdida

y el andar sereno,

en la tarde dormida

de su otoño.

Lamenta su futuro incierto,

bajo la triste amenaza

de la nieve en su pelo,

mientras recuerda días mejores...,

el hombre solitario.

Sus ojos

Sus ojos son cálidos,

como el amor

cuando llega.

Como aquellas largas

noches de verano,

de guitarra y olas.

Borré su recuerdo

con nuevas canciones

una tarde de mayo.

Mas su mirada

de miel

yo la llevo

clavada.

¡Pupila de fuego

adorada,

arañando mi alma!

El abismo

Hasta ser tornado

me envuelvo,

indomable,

en las redes del

abismo.

-Respiras como el mar-,

me dices.

y me transportas

hacia un mundo

soñado,

donde habitan las almas libres.

Donde me diluyo en ti,

y tú en mí...

Donde nadie es nadie,

donde el tiempo detenido,

es ahora tu aliado...

y donde mi sonrisa

es ya eterna.

Luego calmo, al fin,

descansando exhausta

en la pausa

de tu aliento,

y me sumerjo

en un sueño profundo,

anhelado reposo,

medicina del alma...

La ciudad

Volveré a caminar

por mi ciudad mojada,

bajo su jaula

de luces

doradas y azules...

Volveré a besar

tus calles húmedas,

de invierno,

antes de que descanses,

ya henchida tu alma,

tras el pálpito

diario

de vida adolescente.

Volveré a sentir

tu esencia marinera,

entre vientos de sal

y de olas,

antes de que muera la tarde

y la noche te inunde

de hechizos y brumas.

Cartagena de gentes,

Cartagena de lunas.

Tic Tac

Tic tac,

tic tac

tic...

Se paró el tiempo.

Pupila contra pupila.

Instante fugaz,

aunque a la par, eterno.

Su mirada clavada

la desnuda

en locuras.

Y tiembla,

latiendo en deseo,

indefensa

Tic tac,

tic tac,

tic.

Carmolí

En el ocaso duerme

bajo nubes de ocre.

Silueta negra de mujer

parece,

recostada fiel

sobre campo

yermo.

Quizás mañana lloverá

sobre su seno...

Y volverá a surgir la vida

en sus caderas,

flores de carmín

entre palmeras.

Oh monte Carmolí,

volcán dormido,

¡te soñé feliz

mil primaveras!

Insomnio

Por un camino de estrellas

desafío a la noche

silenciosa.

Descubro guaridas de música

en las lunas...

Interestelares trampas

de nubes de nieve

viciadas en hiel,

invertebradas

en sombras...

Y me duermo

con la voz rota,

y me hago lluvia...

Sed de Mar

Llegó con sed de mar,

con la sonrisa quebrada,

y entre golpes de vida.

Enarbolando caricias

inunda su pelo

de olas de espuma.

Espera la noche callada

mirando al oeste,

entre el cielo

que duerme,

y el sol,

que se acuesta.

Horas vacías

En las horas vacuas,

de insomnes avatares,

canto a veces,

esquiva,

(y sin desprecio),

poemas cortos de amores inconclusos,

canciones breves,

que una vez murieron...

Tiemblo incauta

en madrugadas,

advirtiendo soledades

ya en el alba,

y cerrando el alma a puertas

herrumbrosas,

consigo al fin soñar,

algunas causas:

Distingo, a mi pesar,

aquellos días,

cuando de niña sonreía,

al dulce antojo.

Y anida un sentimiento

extraño,

casi amargo...

amalgama de placer

y desencanto.

¿Volverá tal vez,

alguna lágrima,

a cantar conmigo

tierno canto...?

¿O vendrán sonrisas

compartidas

tras los labios de un poeta

ya olvidado?

Esperaré tranquila

...al otro lado.

Sin prisa y sin rencor,

el campo arado.

Ya no juzgo al tiempo,

mi destino

está marcado.

Distante

Dulce el instante

en tu ingenua mirada

de niña mayor...

y distante.

.

Sonríes,

y recuerdo otro tiempo

que olvidas,

inmersa en tu mundo

de nieblas.

Reposa.

Despierta.

Incierta su mente,

me inunda

de amor galopante.

Me abraza feliz,

y recuerda

canciones.

Anda despacio,

pero camina

adelante.

La Guerra

Insospechados caminos

del destino,

donde tejemos los hilos

de la vida,

donde un suspiro

encierra la partida,

o la esperanza se forja

en una guerra.

Batallas despiadadas

de almas que se amotinan,

y se hieren…,

frágiles.

Rostros jóvenes,

bajo lágrimas de sal

y miedo.

Corazones que palpitan

en anhelo,

soñando con días de gloria

y noches

de caramelo.

La negra parca ya acecha,

en frio abrazo final,

sin pedir consentimiento,

en su descaro,

…malvada,

como destino fatal.

La vida y la muerte,

bailan

en una danza infinita,

mientras la esperanza lucha,

sin tregua,

y la paz busca el camino

más corto,

en un incierto compás

de luto.

Naturaleza

Te escucho en el canto de las aves,

o expresándote sutil

en el verde de los árboles...

¡oh gran-diosa Naturaleza!

.

Todo parece perfecto,

la vida fluye,

y te inundas...

de amor y belleza inmortal

Más algo horrible te acecha,

Irrumpe, amenaza,

tu armonía natural.

Es la invasión de los hombres,

con su egoísmo y su afán

de producir sin medida,

de contaminar

ríos y mares,

de envenenar sin dolor

el aire que se respira.

¡Oh, Naturaleza amiga,

de animales, hombres y flores!

¡Que nuestra huella sea verde,

que nuestro hogar

sea otra Tierra,

que la conciencia nos queme

que la razón nos asista!

.

El anciano, la caja, y el gato

En un rincón de memoria,

guardaba

ochenta batallas.

Su rostro, surcado de arrugas,

sus ojos, manchados de llanto,

... y por compañía un gato.

El tiempo iba pasando,

como el agua entre las manos,

mientras

el gato jugaba,

-enredado en sus engaños-,

con la caja

misteriosa

de recuerdos no olvidados.

Compartían bellos momentos,

en su pequeño universo,

y la caja era el tesoro,

del pasado y de sus versos.

El tiempo se detenía,

con el gato en su regazo,

el anciano sonreía.

Sin darse cuenta danzaban

con alas de sincronía,

unían pasado y presente,

entre lazos de colores

y una dulce melodía

En la caja de recuerdos,

se entrelazaban sus almas.

Gato y anciano

jugaban,

en un rincón de la tarde

cuando el tiempo se paraba.

Versos en el Metaverso

El verso allí se expande,

entre píxeles y bits,

derrochando su esencia,

fluyendo palabras

en paralelos mundos,

donde la imaginación

despierta.

Allí las almas

conectan

desafiando fronteras,

con susurros digitales,

y poemas ocultos

entre hologramas y luces.

Allí no existen los límites,

y la palabra

se vuelve eterna.

Lo tangible se torna

abstracto,

la magia se hace presente,

y la poesía vive y vibra

en cada

píxel

de amor perfecto.

Mi agradecimiento a personas, programas, y páginas que están y trabajan detrás de hashtags como #1Foto4Palabras, #RetoLiterPo #VersoDesnudo #Reto4Palabras #TrópicodeLetras #PoetiRETO #Litteris #SocioEscritores #BohemiaLiteraria...y muchos más.

Índice

Sobre la autora

Encarna María D. Manzanares (Enma Kent) nace en Cartagena, aunque a los dos meses su familia se traslada a Alicante, donde vivió toda su infancia y adolescencia. Estudió Historia Antigua, Periodismo Digital y Fotoperiodismo Social.

Redactora, creadora de contenidos y bloguera desde 2007, actualmente trabaja en El Digital Cartagena.

Autora de "Aquellos días sin besos", y "Poemas Contados" ésta es su tercera obra publicada.

Puedes encontrarla en IG, Facebook, X, You Tube , etc., por @Enma Kent

....

"Apasionada de la vida y la naturaleza, de mirar y observar. Me gusta la fotografía y cualquier forma de expresión artística, el cine clásico, las novelas con intriga, viajar sin rumbo, las charlas en cafés con encanto, y los largos paseos nocturnos con luces de ciudad. Experimentar en la cocina, en el jardín, y jugar con mi perro, completan mis aficiones".